FOR2

FOR pleasure FOR life

生命戰略之書

The Strategy of Living

Buddha's Wisdom on How to Live through Turbulent Times

洪啓嵩 繪・著

目錄

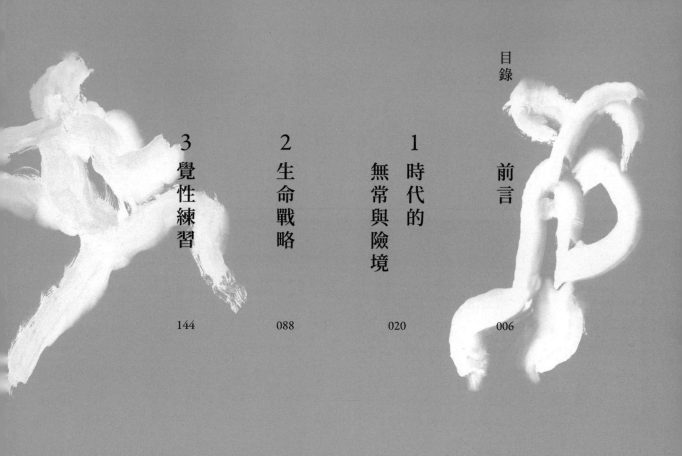

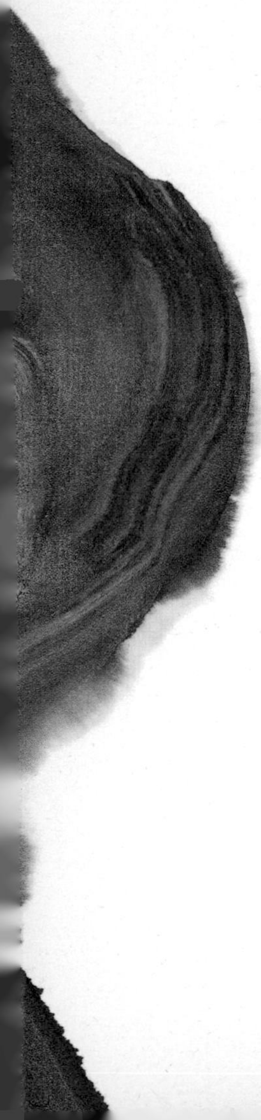

前言

二〇二〇年，是各種變動都巨大的一年。

許多人都指出這是全球化二十年以來，或是美中接觸五十年以來，或是從二十世紀一百年以來，或是從工業革命兩百多年來所發生最巨大的變化。

但是我認爲這可能是人類從狩獵進入農業社會的一萬年以來，所發生最巨大變化的一年。

這麼說，是由四個指標來看。

第一，因爲各種醫療科技與方法的進步，許多過去難治的疾病，難以應對的急症、意外傷害都有了可以對應的方案，所以也越來越多人把自己的健康寄託在醫療上。COVID-19 的出現，把大家從夢中驚醒，發現醫療科技的無力。全世界最先進國家，最頂尖科學家競相開發疫苗，但是到現在我們連病毒的起源都仍然不確定，疫苗的效果如何也沒有人有把握。

第二，從進入農業社會開始，人類文明就一直開始往群聚的路程發展，所有的文明都是往適合群聚、方便群聚的方向發展。

由農村而城市，由城市而都會而國際都會，人類文明一直是往適合大型群聚的社會方向發展。

然而，COVID-19疫情改變這一切。

雖然各國都在加緊開發疫苗，並號稱在很快的時間裡就能上市，但是從以臉書爲代表的巨型企業，宣告所有同事在家遠距工作的模式將持續到二〇二一年七月爲指標，就可以看出潮流的轉向。

今後人類文明的發展，將趨向在實體世界不必大型群聚，也能方便社會運作的路程。

光這兩點，就是從農業社會出現以來所第一次看到的。

第三，更多的群聚，在網路與雲端發生。

而美國與中國之爭白熱化，尤其連 TikTok 也成爲焦點，表面上看來是一場有關科技主導之爭，但本質上，這是一場有關心智之爭——各方如何透過雲端、社群媒體、軟體，爭搶網路世界裡的群聚，並透過這些網路世界裡的群聚影響相關參與者的心智。

過去千百年來，主要透過實體世界影響人類心智的教育和媒體途徑，都已經不再是主流，雲端成爲最重要的途徑，因此主導權的爭戰也最爲激烈。

第四，二〇二〇年 *SpaceX* 成功往返太空與地球。這不只是美國四十五年以來再度有太空人進入太空又返回，更重要的是：這是首次有民間企業參與過去只有國家發展的太空事業，並且加上了商業化的目標和期程。

億萬年來，渺無人類的太空，即將開始出現人類的群聚。而普遍的人類，即使是一個普通人進入太空，成爲指日可待的事。

但是太空之旅，會不會只成爲有錢人和「上等人」的遊戲和資源？地球會不會在破壞殆盡之後，成爲許多科幻小說裡「下等人」生活的垃圾場？

這麼多巨大的變化在同時發生，我們處於巨變中的每一個人，很容易感到世界不再是自己熟悉的世界；對於新生的變化，自己難以面對、無力應變，於是產生沮喪與挫折感。

其實，這都是因爲我們太習慣於注意個別事件，眼花撩亂，卻沒有觀照大局；太習慣於學習各種因應變化的方法，疲於奔命，卻沒有掌握核心要點。

注意個別事件、學習各種因應方法，都是屬於戰術面的事情。而觀照大局、掌握核心要點，則是屬於戰略面的事情。

換句話說，今天我們面對世界的變化，如果只顧得學習、執行一個又一個的戰術，很容易就左支右絀、心力交瘁。但相反地，如果戰略清楚、掌握好戰略，即使偶爾一兩個戰術失靈，不會影響大局。

如此綜合起來看，就知道這些巨變在激化的大局是什麼，在催促我們注意的是什麼。

那就是：人類需要新的進化。我們每一個人都需要讓自己的生命進入新的進化階段。

面對這個大局，我們需要掌握的是自己的生命戰略。

1

時代的無常與險境

二〇二〇年因爲瘟疫的來襲，許多人的生活、工作、娛樂都產生了和過去截然不同的劇變。因而大家都體會到「無常」的存在。

其實，無常本來就是隨時存在。從有宇宙以來就是如此，從有人類以來就是如此。只不過進入二十一世紀之後，我們可以清楚地看到無常的作用。

看人類怎麼累積財富的例子就知道。

過去的世界，相對是穩定的。

大家都知道工業革命是個巨變；工業革命之後，有些人的財富累積固然突然加速加大，但往往也要歷經一段時間才能眞正有其規模。然而看看二十一世紀全球化加上網路時代造就的大亨、巨擘，速度之快、規模之大，哪是過去世紀的人所能想像的。

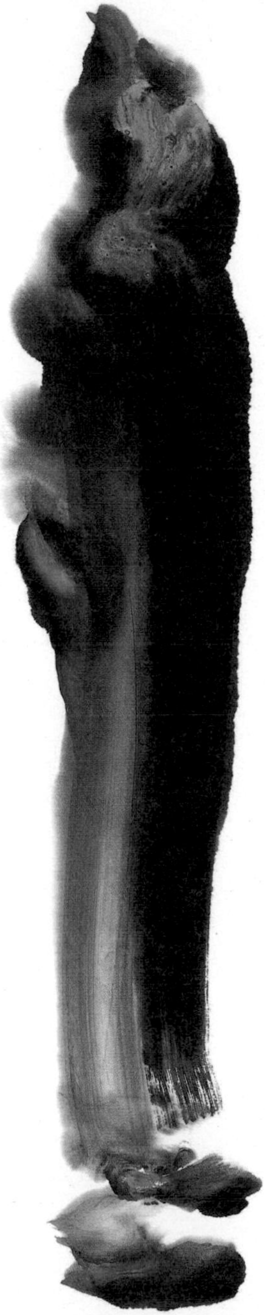

所以，不說遠的，光過去二十年間我們經歷過全球化帶來的財富、科技等的急劇變化，其實早已經是無常。

但很多人不會覺得那是「無常」。因爲他們覺得財富、科技的巨大變化是好事，那是時代的「突飛猛進」，不會想到用「無常」來形容。

換句話說，我們一直在無常之中。但我們很容易不覺得好事情發生得快、變化得大是無常。

過去，只有那些居住在貧窮國家、戰火頻仍的國家的人，可能才比較容易覺得無常的存在。

或者，富裕國家裡，一些突然遭遇厄運的人，才比較容易覺得無常的存在。

其他的人，都在享受財富、科技快速變動帶來的好處，不覺得自己身處無常之中，不覺得自己的生活和工作和過去截然不同有什麼不好。

然而，COVID-19在二〇二〇年出現，驚醒了大家。在一個奇異的病毒面前，世界突然產生劇變，不分先進國家還是落後國家，不分有錢的人還是貧窮的人，不分年齡不分種族，不分東方西方，不分北半球南半球，每一個人面對的世界，每一個人的生活和工作，都突然產生了和過去截然不同的變化。

只不過，這次截然不同的巨變，是呈現在疾病上、死亡上、許許多多行業的經營危機上、許許多多人的生存能力上。於是大家開始感受到無常的存在。

無常一直在我們的身邊活動，一直在碰撞我們，但過去我們總覺得那是身旁的事、身後的事，視而不見。

COVID-19出現，無常換了個方向，全面撞擊。

過去很多人看不到無常的「正」面，現在終於看到無常的「負」面。

很多人把COVID-19當作瘟疫，把導致這種傳染病的病毒當作人類的大敵。

COVID-19的確是瘟疫，到二〇二〇年十月，已經造成全球四千萬人感染，超過一百一十萬人死亡。但，其實COVID-19也是來傳達一些訊息。

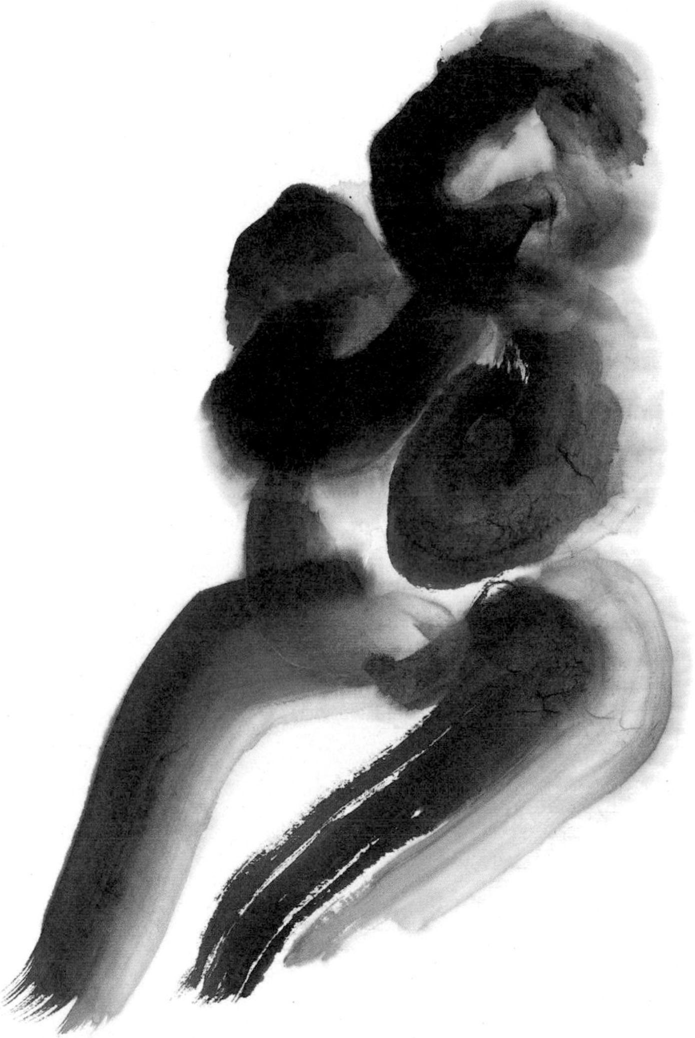

COVID-19要提醒的是：

一．人類自以爲是地快速開展文明，地球承載不起。

因爲各種科技的進步，開發和破壞環境的速度加快，根據最近的研究報告指出，地球上大約有一百萬個物種處於瀕臨絕種的危機。

沒有任何事物可以延緩人類破壞地球的速度、對其他物種造成的絕滅性威脅，唯一能讓人類停下腳步的，只有超出人類檢測能力的病毒。因爲所有的病毒都是微生物，所以我們可以說，其實牠們是代表所有的生物，來讓人類感受一下牠們所面臨的威脅。這些病毒是來傳達訊息的信差。

二．人類自以爲醫療手段進步，開發各種方法來對付各種病菌和病毒。

近五十年，人類的醫療科技的突飛猛進。在第二次世界大戰前後，由於各種疫苗及抗生素的發明，使得人類免於瘟疫和傳染病的肆虐，這是人類醫藥史上的重大突破。

因此病毒爲求生存，也需要以更快更激進的方法來突變，找出自己的生路。否則，他們也無法達成傳達訊息的任務。

三・人類文明進步，使得過去的地方性活動擴大爲區域性活動，再擴大成全球性活動；從過去只有少數人可以進行的全球性活動，擴大到幾乎人人都在進行。所以提供了病毒可以用完全不同於過去的途徑和方法來傳染的便利。

所以，今天我們所遭遇的眞相是：人類借著科技之力，不斷把許多物種逼入滅絕邊緣，又不斷擴大自己的活動範圍，造成病毒的突變和易於傳播。也因此，這次固然可以說是瘟疫的反撲，但更切實地說，我們根本就是在開發瘟疫，更新型、更強力的瘟疫，並提供方便瘟疫傳染的各種途徑。

我們是不停地製造自己的困境和險境。

COVID-19，只是一個小小的例子而已。

我們還在不斷地給自己製造更多、更大的困境和險境。

那就是「類健康」、「類親密」、「類眞實」、「類出路」。

如果我們只看到 COVID-19 的危險，而看不到其他的危險，那就沒有接受到 COVID-19 帶來的訊息，太可惜了。

類健康之一

今天人類的平均壽命在延長。因爲各種醫療方法與科技的不斷演進，因此許多過去難治的疾病有了對應的醫藥，尤其許多過去難以應對的急症、意外傷害，都有可以急救的方案。

所以我們很容易有個印象，以爲今天二十一世紀的人類健康狀態，要比過去的人改善許多。

但那是個假象。

現代醫療科技、方法，因爲在處理急症、意外事件上有突出的表現，可以減少過去的絕命因素，確實拉平了平均生命線的危急高峰。但是我們每一個人的平均生命線上的健康狀況如何，卻是另一回事。

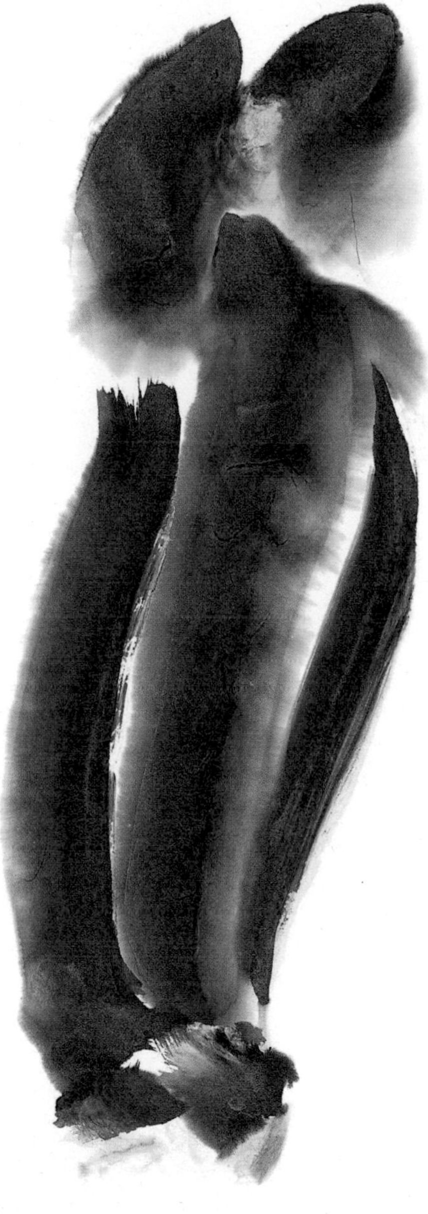

以洗腎來說好了。一個人可以依靠洗腎機來延長自己的壽命是一回事；他必須依靠洗腎機才能存活的健康品質如何，又是另一回事。而台灣的洗腎比率，是全世界最高的。至於必須依賴各種藥物才能維持一些健康指標的情況，就更不必說了。

還有一個統計數字，就是我們的平均壽命雖然延長了，但是必須要倚賴別人照顧的時間也延長了。有一個統計數字說，這平均每個人需要八．八年。如果從退休年齡六十五歲算起的話，這表示人生最後階段 我們能夠自我料理生活的情況不足，大約有三分之一到二分之一的時間 是需要別人照顧的。

所以我們在現代醫療科技的維護下，很容易覺得自己的健康比過去的人改善了，但卻沒注意到其實這是一種「類健康」。

類健康之二

COVID-19的出現，戳破了現代醫療科技無所不能的假象。全世界最先進國家，最頂尖科學家競相開發疫苗，但是到現在我們連病毒的起源都仍然不確定，疫苗的效果如何，也沒有人有把握。

事實上，導致COVID-19疾病的病毒正式名稱，是SARS-CoV-2，也可以說是SARS 2.0的意思。而我們知道，在二〇〇三年出現的SARS，到今天都並沒有疫苗。

再說，就算眞的開發成功疫苗又如何？SARS出現之後的十七年，又有新的變種SARS2.0出現。今天就算有了應對COVID-19的疫苗，未來又有爆發COVID-25、COVID-30的變種病毒呢？

而COVID-19在東西方造成不同的傷亡情況，正可以說明如果我們把健康全部倚賴醫療科技會發生什麼事。

到今天為止，西方許多國家的COVID-19瘟疫爆發情況遠比東方許多國家嚴重的原因之一，正在於他們許多人一心期待疫苗開發成功，而不知每一個人做好自己應對準備的重要。而東方許多國家，以台灣為代表來說好了，正因為我們每一個人都先做好自己應對的準備，所以即使沒有疫苗，我們的防疫成果仍然在全球表現優異。

我相信COVID-19帶來許多訊息中的一個，其中非常響亮的一個，就是人類不能再只把自己的健康付託在醫療科技上。

我們每個人要為自己的健康負責。

類健康之三

因爲近代的醫療科技的發展很多也很大，許多人越來越把自己的健康付託到醫療手中，而不是自己負責，所以形成一幅很詭異的畫面。

我們的肉軀在現代社會裡生活、工作、移動，很像是用十八世紀的馬車，拚裝成裝甲車的模樣，在砲火紛飛、地雷遍布的戰區奔馳。

爲什麼說是砲火紛飛、地雷遍布？

因爲我們的生活和飲食環境就是這麼危險。

最近因爲瘦肉精的因素，大家在關心美豬的議題。但是食安問題哪只有美豬？

前幾年的食用油、塑化劑飲料問題，還在眼前。就算許多食物符合所謂的衛生標準，是否真適合我們飲用，也要打一個大問號。

走進任何一家便利商店，或者大賣場的食品區，我們只要用心想一下，就會發現其中供應的大多或全部都是戰爭和災變期間所要吃的飲食。美軍在二戰期間的口糧和罐頭，大面積地影響也形塑了今天我們的飲食樣貌。從飲食開始，我們就沒有好好地對待自己的健康。

類健康之四

今天有些人注意飲食，會關心食材是否「有機」。但是在我們阿公的時代可能是日常的「有機」，今天已經可以說只有有錢人才能享受。何況，即使是有機的，也可能只是無毒，並不保證健康。

而飲食的「地雷」之外，我們還有 PM2.5 的空污，還有以手機為首的電磁波對身體的影響。

我們不但成人要面對這些危機，事實上是從兒童階段就開始埋下種種健康問題。無處不在的碳酸飲料，使得許多兒童已經不知道怎麼「喝水」了。

如果我們從兒童階段就開始埋下健康的問題，其後的情況可想而知。

這許多危險的因素充斥在我們生活裡，我們卻不知警覺，只知在身體出狀況的時候倚賴醫療科技，所以我說很像是用十八世紀的馬車，拚裝成裝甲車的模樣，在砲火紛飛、地雷遍布的戰區奔馳。

COVID-19 逼使我們每個人自保，使用口罩、勤洗手、保持社交距離來面對這個高科技醫療束手無策的瘟疫，其實是在提醒我們注意生活的環境有多麼危險，提醒我們要把注意健康的主導權拿回自己手上。

這次疫情，使大家勤於洗手、注意衛生，出現很多有意思的現象。年中的時候，疾管署疫情中心表示：流感門急診就診人次，相較去年同期減少了七成。腸病毒在五月進入流行期後，更較去年同期降了九成，呈現過去十年來，腸病毒疫情首次「根本沒流行」的情況。

這都只是我們可以把健康的主導權拿回來的最簡單例證。

類親密之一

上班族最大的課題之一，是每天在通勤上花的時間太多，和公司同事相處的時間太多，而陪伴家人的時間太少。

COVID-19 逼使大家改變工作習慣，遠距上班、在家上班開始多起來，甚至常態化。

照理說，減少了通勤的時間，多了和家人相處的時間，應該是皆大歡喜。

然而，固然有人因而慶幸自己享受到了好處，但是我們也看到許多相反的現象。

在東方，以日本爲例，上班族多了在家和配偶相處的時間，彼此反而不適應，增加摩擦，所以今年反而爆出離婚案件大幅增加的新聞。

在美國，夫妻都在家的時間多了，先生受不了太太煲電話粥而離婚的情況，成了專欄作家寫作題材。

在歐洲，以英國爲例，查理王儲的夫人卡蜜拉投書媒體，指出疫情下的封鎖與限制令使家暴問題更嚴峻，從二〇二〇年三月到八月，全世界的家暴案例增加了百分之二十，英國更有超過三分之一的家暴防治單位接到比以往更多的通報案例。所以她說：「有些人在家中面臨煉獄般的虐待和脅迫。」

在台灣，我自己身邊，也有朋友在疫情期間反而因爲多了和太太相處的時間不習慣，結果選擇離婚的例子。

大家都抱怨在外頭增加和別人保持「社交距離」的不便，希望減少社交距離，但是有些人卻顯然在家裡寧可接受和親密的人保持「社交距離」。

類親密之二

現代的婚姻、家庭，往往都只是一些人各自孤獨地活在一起。COVID-19不是製造了婚姻問題，而是把現代人所掩飾的問題給戳破了。

過去，現代人在婚姻中出現問題，有許多逃避、閃躲的方法、理由和藉口。上班工作、出差、旅遊、交際，甚至在外頭滑手機。

但是COVID-19截斷了所有這些方法、理由和藉口。每個人都只能回家，回到自己家裡，面對家裡和自己理論上應該是最親密的人如何相處。

然而許多人做不到。許多人因爲在外面餐廳、酒吧必須和陌生人保持社交距離，覺得自己找不到人際的「親密」感而受不了；在家裡又因爲和親密的人有更多親密相處的時間而感到崩潰。現代人所認知的許多親密，是「類親密」。

在「類親密」的掩護下，我們一不小心就會進行許多假互動，就享受一些假快樂。

如同我們吃、喝，卻不注意對健康的影響，結果就會內分泌出問題，排除不了廢物，毒物；同樣地，我們忙著在「類親密」的掩護下進行種種人際互動、交往，也會持續造成自己內心的壓力：疲累、失眠、沒有來由的不快樂。

很多人也沒什麼不好，但就是心情不好，因爲太多微細的煩惱。

類親密之三

而事實上，我們如果連自己配偶這樣親密的人都不知該如何對待，那麼一定更不知道如何對待另一個和我們更親密的人：我們自己。

我們如果要知道什麼是眞正的「親密」，一定需要先知道如何和自我相處，如何和孤獨相處。

對許多人來說，「孤獨」是「親密」截然相反的對立面，往往代表著承受不了的壓力邊緣。所以，「孤獨」也往往代表著痛苦。

許多人以爲自己習慣和別人疏離，已經是宅男，就已經是知道如何和自我相處，知道如何和孤獨相處。

但是我看到的許多例子，卻是這些人只是不和其他「人」相處，把習慣改爲和電腦、手機等電子界面相處。

如果拿走他們的電腦，拿走他們的手機，我相信他們也很快崩潰。

眞正知道如何和自我相處，如何和孤獨相處的人，絕不會受這些影響。

COVID-19 逼使全球繁忙的交通、旅遊停頓，每個人留在自己的原地，從外面回到家裡，從如何面對自己親密的人到如何面對眞正的自己，發揮自己的覺性。

類眞實之一

COVID-19 阻斷了人類在實體空間的群聚，逼得人要花更多時間在網路上，給原來就已經火熱的雲端群聚、社群群聚的勢頭更添加了柴火。

然而，雲端的群聚越來越多，不只代表實體世界的人越來越疏離，也代表「眞實」在重新被定義之中。

以前，事實的傳播需要透過媒體的時代，媒體肩負驗證事實的責任，提煉事實的責任。

不同的媒體，驗證事實的方法和程度不同，就會形成不同的口碑和品牌形象。有的是「大報」，有的是「小報」、「八卦報」。媒體的報導有失誤，也要承擔相對應的法律和賠償責任。

但是今天許多社群媒體，卻只承認自己是個「平台」，讓各個使用者自己來大鳴大放的平台。於是事實的存在與傳播，不再是以查證與提煉爲前提，而是看傳播力夠大就好。而傳播力夠大，不外乎兩個條件：傳播者的粉絲數或追隨著人數，加料、爆料的吸睛度。

眞實很難覺察，也經常難以驗證、來不及驗證。

人類本來就容易傾向愛聽謠言，容易傾向反智。今天成了整個結構都在助長這種傾向。

類眞實之二

人類知識與訊息的傳播，一直是在沿著從少數人掌控往多數人共享的方向演進。

孔子有教無類，是把知的權力從貴族手裡解放。
歐洲的文藝復興，是把知的權力從僧侶手裡解放。
二十世紀，是各種不同政治意識型態和體制想要控制知的權力，而另一邊各種民間媒體則要打破這種壟斷的努力。
不過二十來年前，台灣所喊的黨政軍退出媒體，正是一個代表。

等到網路興起，大家都在歡呼新時代來臨，終於每個人都有「發聲」的權力，人人都可以報導、爆料、傳播，誰都再也控制不了。這個趨勢最後以社群媒體的大爆發爲高潮。

然而眞相是什麼？

今天全世界的媒體，包含傳統媒體與社群媒體，幾乎無一不是被強大的國家力量所掌握，就是超巨型企業所掌握。尤其是雲端的社群媒體，根本就是幾家巨型企業寡頭壟斷。

以臉書為代表，這些社群媒體表面上給每個人平等的發言機會，然而卻自己有獨門的演算法、規範，事實上比人類任何時代都更操控了知的權力。

今天在民主社會裡，沒有人敢「壟斷」知的權力，但沒有人不想操控知的權力。

澳洲前總理陸克文，最近要求國會設立委員會，調查媒體壟斷，「杜絕政治操控與過於兩極化的新聞資訊」，其中特別指名梅鐸集團擁有澳洲七成報紙所呈現的問題。

操控知的權力，就是操控眞實。

類眞實之三

二〇二〇庚子年的另一大事件，就是美國與中國之爭白熱化，並出現從尼克森訪問北京，雙方關係正常化以來，五十年首見的逆轉。

美國和中國的衝突，從貿易之爭打到科技主導之爭，但今年出現最有意思的發展，是戰火燒到了社群媒體，川普政府要禁止 TikTok 和 WeChat 在美國的使用。

到這裡就可以看得出來，美國和中國要展開的是一場有關心智之爭——彼此如何透過雲端、社群媒體，爭搶網路世界裡的群聚，並透過這些網路世界裡的群聚，影響相關參與者的心智。

換句話說，不論外表披著多麼娛樂、影音的外衣，今天眞正企圖操控大眾心智的，不是巨型企業，就是國家強權。但他們都躲在我們完全看不到的地方。

過去，人類的心智主要透過在實體世界接受教育和娛樂而發展，所以到底是什麼人企圖影響我們的心智，相對比較容易發現、覺察，但今天，大家的教育和娛樂都主要發生在雲端，甚至透過AI的設計和控制，來源很不容易發現、覺察。

也正因爲如此，所以巨型企業和國家強權就更希望掌握，主導權的爭戰也更爲激烈。

我們一不小心，就會落入別人想要引誘我們接受的「眞實」之中，就會把自己的心智交到別人手中，戴上別人精心設計的染色鏡，只習慣用某一種顏色來認知世界。

想要清醒，必須反求諸己。

類出路之一

人類，一直是在搶資源。

古代，遊牧民族和農業社會之間的許多爭戰；後來打著宗教旗號的許多戰爭，本質上都是在爭搶資源。

到了近代，帝國主義把資源的搶奪極大化。

再到現代，已經又演變爲商業帝國主義在爭搶資源。

古今帝國之差別，主要在於兩點：

一．科技之差異：科技成爲搶奪的手的延伸，權力的延伸。

二．搶奪者面貌的模糊：政治、商業、知識份子三者之間相互結合，也造成面目的模糊，搞不淸誰是誰。

類出路之二

人類不斷地爭搶資源，被破壞的是地球。

然而即使地球的暖化問題這麼嚴重了，仍然有許多人拒絕相信這件事。

美國發生越來越嚴重的森林大火，但他們官員仍然說不相信氣候變遷這件事。

二〇二〇年，疫情爆發的這一年，馬斯克主導的 SpaceX 計劃，成功往返太空與地球。太空的商業化目標和期程，都上了檯面。而抱有同樣企圖的，還有亞馬遜的貝佐斯。

馬斯克和貝佐斯的競爭，還包括發射衛星。貝佐斯要發射三千顆衛星來提供便利網路；馬斯克要發射一萬兩千顆。

他們都在想往太空找出路。但到底是爲誰找出路？

太空就這樣成了他們家的後花園，愛發射多少衛星就發射多少？

類出路之三

有人說這是在開發太空資源，來彌補地球之不足。

但我們不能不問幾個問題：
那是誰得到好處？
會不會是有人以創新爲名，毫不遮掩地搶奪太空的資源？

用太空資源來彌補地球，但會不會來得及？
我們一直用舊的方法、技術和觀念來對待地球，會不會如更加快地球的報廢？

如果今天搶先開發太空的這些人如果仍然是科技加帝國的本質，他們會侵奪我們哪些利益呢？
或者，那我們想要在外太空創造的新世界，會不會反而把我們自己吞噬掉呢？

危險的總結

我們每天被各種「類健康」、「類親密」、「類眞實」、「類出路」所環繞，其實也就是每天也都陷在困境和險境之中。

這是 COVID-19 來臨之前就存在的現實。也可以說，我們每一個人都身處比古代更艱險的生存環境之中。

COVID-19 是把各種遮掩的幕幔拉開，讓我們直視眞相。所以我們應該珍惜 COVID-19 帶來的機會，而不是畏懼。

只是，相較於生存環境的惡化，我們的生存能力在更弱化。

在古代，一個人只要有鋤頭就可以生存。
而今天呢？
光是你一天出門沒帶手機看看。

二〇〇八金融風暴，美國隔山打牛，讓有財富的人更上去。

這次更詭異。根據瑞士銀行（UBS）的一份報告，今年四月到至七月，全世界最頂尖的富豪財產總值的增長超過了十兆美元，平均增幅是兩成七，其中以工業起家的富豪更增長了四成四。但在這同時，極端貧窮現象將出現二十多年來首次增加的現象。

富者更富，貧者愈貧。

另一方面，傳統的國家結構，承擔不了使用地球的代價，但傳統國家的對抗卻進入更激型的局面。

COVID-19 讓我們看到無常。

所以直視 COVID-19，就是直視無常。

並且，我們應該提醒自己：我們還可以從另一個角度善用無常。

既然世界不斷變化。變化就是機會。

但如果只是用過去的方法，不是錯過機會就是掉進自己的陷阱。

所以無常來臨得如此突然、快速，我們也要隨時以快速的方法應對，負負得正。

然而，很多人雖然知道要快速反應，但只知戰術，而忘了戰略。

或者，許多人知道要設定種種戰略，卻不知要設定生命戰略。

結果，不是疲於奔命，就是輕重錯亂。

我們需要從頭掌握自己的生命戰略。

2

生命戰略

一般人都是被種種自己要忙著解決的問題和事情牽掛著。
追求種種戰術，追求種種工具，讓自己的生活便利，但事實上都是把自己綁住。
一天天，身心越來越不自由。

沒有生命戰略，只有戰術，那在生活中就會對各種變化應接不暇，一路給自己製造各種困境和險境。

對未來只有自以爲是的想像，自以爲是。
結果一旦不是那樣，就會垮掉。

如果我們確實認知道自己置身情境的險惡，要解決根本的問題，一定要掌握生命的戰略。

生命戰略的三個要點就是：

一，**保持並開發覺性**。

二，**不製造自己的失敗**。

三，**沒有敵者**。

而生命戰略的目的，就是不斷以自己的進化，來解決自己面對的問題；不斷以自己面對的問題，來推動自己的進化。

接下來雖然是按這三個要點的順序來說明，但實際上這三個要點是同時並存的，相互呼應的，並不是先具備前一個，才能進行下一個。

一，保持並開發覺性

生命戰略的基本核心，就是「覺性」。

什麼是覺性？

覺性就是「覺知」的能力。覺知自己的身、心狀態，覺知自己所置身的外界環境的狀態的能力。

所以「覺性」也是一種「觀照」的能力。

「觀」，就是「觀察」，觀察自我、觀察外境。

「照」，就是「返照」，也就是「反省」、「思考」，對自我和外境保持反省和思考的能力。

生命戰略的核心，就是保持並持續開發覺性。

沒有覺性，我們根本注意不到自己置身的世界是如此險惡，當然也不會反省、思考自己具備的是什麼條件，以及如何應對外界的環境。

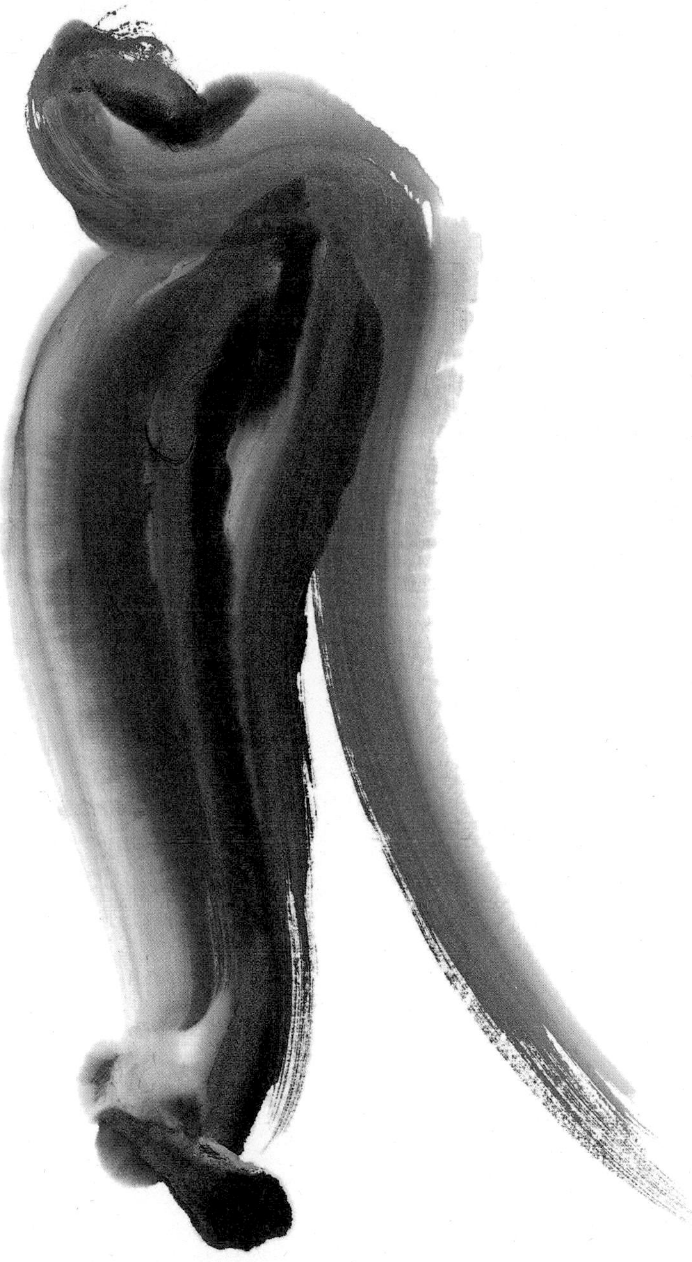

保持「覺性」，保持覺知，但是我們需要覺知，也可以覺知的事情太多了。要從哪裡覺知起呢？

我認爲第一步是要先覺知自己的問題。而以這次疫情所提醒我們的，問題中最需要先覺知的顯然就是自己的傲慢。

傲慢固然有很顯著、外顯得很明白的，也有很隱性、很微細的。微細到其實只是一些固執的習性。

以這次 COVID-19 疫情來看，爲什麼在西方國家，尤其是一些先進國家還特別嚴重？還反覆發生？爲什麼一個戴口罩這麼簡單的事，始終沒法貫徹？

因爲一些西方國家的人太信奉個人自由。信奉個人自由當然是好事，但是如果固執成性，堅持到「戴口罩，毋寧死」，那就是一種傲慢。

人一旦傲慢，就會無知。

所以面對一無所知的新病毒，很多人充滿了恐懼、驚慌，甚至憤怒，急於消滅這種新病毒。或者只想等待疫苗。

很多人採取本能性的自衛、反擊，不去思考病毒帶來深層的訊息，完全表現出一種無知的誇大。

二〇〇三年SARS在亞洲造成的混亂，當時我們就看到這些狀況。但是因爲我們經歷過那一波打擊，所以這次面對SARS 2.0的病毒，就相對而言比較有自省的能力。

十七年前歐美沒有經歷過SARS，所以他們遭遇到二〇二〇年SARS 2.0的病毒，就讓COVID-19的疫情格外放大。

所以在覺知能力之中，最開始的一步就是要覺察自己的執著和傲慢。

我們雖然沒有堅持不戴口罩的傲慢，但是每個人一定都有一些自己固執的習性，形成其他的傲慢。

禪宗六祖惠能有句名言：「自性迷，即是眾生；自性覺，即是佛。」

換句話說，不怕自己有執著和傲慢，只怕覺知不到。

只要我們能從這一步出發，持續保持、開發自己的覺性，也就是持續消除自己的各種執著和傲慢，那我們就會發現生命的活泉自動源源不斷地湧現。

於是我們會走上一條「離苦得樂」之路。並且這快樂和富足不是建立在他人的痛苦和匱乏之上。

眞正的覺性會引導我們「自利利他」，利益一切有情，所有的人都共享「離苦得樂」。

二，**不製造自己的失敗**。

大家都希望自己能中彩券或樂透。
但是看新聞報導，中了彩券或樂透的人，大多沒有好下場。
不是得意忘形，原本美好的人生反而破壞，就是意外橫財
來去迅速，很快化爲泡影。好運反而變成厄運。

也許，你會想：我中了就不會。

但其實，我們每個人都遇過好運。也許不是樂透、彩券上
的那些金錢數字，但是意義更大的好運。
可能是天賦的健康。
可能是遇上心愛的人。
可能是創業成功。
我們每個人都會遇上自己的好運，但我們也像那些中樂透
的人，經常反而遇上好事就變成壞事了。

事實上，一般人都是如此。

遇上好的狀況，只是偶然得到，不知如何評量其中多少是自己的因素，多少是幸運，多少是環境的因素。

所以不知珍惜，更不知如何善用，使之更成功。於是經常成功變成壓力，並且可能開始創造逆境。

對很多人來說，順境是很可怕的魔頭。從自己成功的那一刻起，就開始消耗自己的健康，攻擊自己的幸福，努力把好運轉變為惡運。

至於遇上壞的狀況，也是不知怎麼遇上，結果只知亂出招，越出越亂，一路擴大自己的失敗。

在這個過程中，永遠在找替死鬼。不是欺負別人、甩鍋，就是痛恨自己，讓自己更沮喪。

二〇二〇年，因爲無常的巨大，讓每個人都慌了。亂出招了。這種情況更普遍。

如何避免製造自己的失敗？

首先要跨出的一步就是：「不把成功當成功，不把失敗當失敗」。

保持著覺性，在成功的時候，覺察其中的聚合條件有哪些，是怎麼產生的。

所以，會善待別人，與別人共享成功。不得意忘形，就是避免製造失敗的起點。而善待別人，還可以讓別人更成功，自己也更成功。

保持著覺性，在失敗的時候，會覺知其中的影響因素有哪些。哪些是自己的習性和傲慢所導致，哪些是外界因素的不成熟。

如果是自己造成的因素，就調整自我。如果是外界條件不足，但困境背後有價值，那就設法堅持下去，或者繞一個方向前進。這樣失敗就不會造成生命的陰影，並且永遠可以找到機會。於是失敗也會成爲恩賜。

我們避免製造自己的失敗，一方面是不要讓自己像中彩劵的人，反而在破壞自己的幸福，更進一步，長期目標是讓自己面對生命路程上任何狀況都「不動不搖」。

這種不動不搖，不是只靠個人意志支撐的，而是因爲我們不再執著於自己的習性和傲慢之後，把一切成敗因素的聚散都看得很清楚，知道所有事情發生的因緣。

正是因爲清楚，所以會明白自性「本不動搖」。

也因爲如此，當然就更不會製造自己的失敗。

三，沒有敵者

一般人，經常會設定一個自己認爲的成功點，然後去努力。這樣的風險有兩個。

一個是，我們會設定成功點，就會認知前方有障礙，有敵人。往往在和障礙與敵人爭戰的過程中，自己的情緒和能量都消耗殆盡，結果到達不了目的地。

還有一個是，排除萬難，掃除障礙到達目的地之後，往往因爲不再有「敵人」了，所以接下來不知道要去哪裡了。

這都是永遠被外境牽著鼻子走。對應這些問題，最好的方法就是「沒有敵者」。

「沒有敵者」，有兩個面向的意義。

第一，是在往自己設定的成功點邁進的過程中，不把擋在面前的障礙都看作是「敵者」。

有了敵我之分，我們就容易使用凹凸鏡、染色鏡來誇大、扭曲「敵者」，看到討厭的，就塗黑，抹黑。也會容易美化自己的偏愛，看到喜歡的，就染得鮮豔。只接受對自己有利的訊息；不利的就惱怒；不關心的，就完全忽略。

「沒有敵者」，就是全景觀照一切，對任何條件、任何狀況都了然於心。遇到障礙的時候，該繞過去就繞過去，可以踩著它墊高跨過去就跨過去，而不是非要把敵人、障礙「摧毀」不可。

「沒有敵者」的另一個面向，是保持覺性，不設定哪一點當作成功，而是在到達那一點的過程中，怎麼活出有價值的生命，以不斷提升自己覺性的本身當作最重要的事情。

既然不執著於某個成功點，而是享受一路開發自己覺性的路程，那我們遭遇的一切事情其實都有助於開發自己的覺性，所以當然也就「沒有敵者」。

也因此，「沒有敵者」的第一步，也是第一個要消除的「敵者」，就是自我。在任何狀況下，不對自己有絲毫敵意。不論遭遇多大的挫折與困境，絕不厭惡自己，絕不把自己當敵人一樣折磨，甚至要摧毀。

而這樣走下去，心中有活泉，就不斷提供新的能量，把問題隨時清理掉。

不會因爲忙著對付敵人、煩惱而養出老鼠，讓自己崩潰。

如此，面對人生各種狀態，我們都有能力處理。
遇上好的狀況，有能力使之更好。
遇上壞的狀況，有能力創造新的條件，予以化解。

我們永遠可以把失敗當作另一個成功的開始，因此沒有失敗，自然沒有造成失敗的敵者。

一旦我們感受到有活路了，會先開放給自己，再讓自己親密的人共享，再讓一般人共享。
最後再讓自己討厭的人也共享。
這樣，當然就更沒有敵者。

於是我們不追求成功，成功的機會卻必然會大大上升。

惠能大師說的另一句話：「弟子自心常生智慧，不離自性，即是福田。」正是這個道理。

生命戰略的結語

保持覺性、不製造自己的失敗、沒有敵者。

這三者就是我們可以掌握的生命戰略。

一旦掌握了自己的生命戰略，自然可以保持對三件事的注意：

如何保持自己的健康，對應「類健康」的問題。

如何保持心智的清淨，對應「類親密」和「類眞實」的問題。

如何讓周近的人和環境，也保持同樣的健康和清淨，對應「類出路」的問題。

對應「類健康」

我們會知道健康是一種道德。

對自己而言，每個人來到這世界，本來就該活得好好的。

而要活得好好的，首先就是要拿回健康的主動權。

因此我們不會把一切寄託醫療，不會濫用健保。

我們不會被「類健康」所滿足。

我們會覺知每個人都是生命共和國。除了自己的細胞，還和很多微生物共存。

我們也會覺知：人類的身體是可以進化的，只要我們放棄一些固執的觀念。

對應「類親密」

一般人都恐懼孤獨。

恐懼孤獨，其實是不知道如何和自己相處。

不知道自己做了什麼，出了問題，一千箭射向自己，一千箭射向他人，之後再一千箭射向自己。

結果自己根本無法和自己相處。

連自己都無法相處，當然更無法和他人相處。

結果就造成表面看來是在追求「親密」，但事實上只是「類親密」，孤寂的更孤寂。

而一個掌握生命戰略的人，始終在開發自己覺性的人，一定安住在「本自具足」之中，不畏懼任何孤獨。

也因爲他明白一切「本自具足」，所以他會明白如何與他人保持適當的親密。

因爲他在獨處中永遠可以保持微笑，所以他也知道怎麼對親密的家人展現微笑。

他也樂意讓自己可以對陌生人，甚至別人眼裡對立的人展現微笑。因爲一切本就沒有敵者。

對應「類眞實」

掌握了生命戰略的人，就不會固執地拿凹凸鏡效應看世界，也不再拿染色效應來對待別人。

我們不再不喜歡一個人，他的好消息一個也聽不見；他的壞消息，會放大三倍聽到。

一旦我們看到所有的事實都是調整過的事實，下次看到還是錯的。

而只要我們拿掉凹凸鏡效應，去除染色效應，那我們的視野自然清楚，我們自然擁有足夠多可以判斷事實的工具。該聽得到的聽到，該看得到的看到，事實就會浮現。

對應「類出路」

掌握生命戰略的人，體會到自己一個人的身體，都是生命共和國，自然可以體會到自己尋找出路，絕不以阻塞他人出路爲代價，也會明白這個宇宙最和諧也最圓滿的存在，會呈現這些原則：

分配共享。

發展共善。

文明共覺。

所以不會用舊時代的概念，舊時代的技術來宰制地球，結果製造許多廢物、破壞環境。

而是共存共榮，永續來創造地球。

我們會思考自己對地球的價值是什麼。
地球對宇宙的價值是什麼。

到今天爲止，人類在發展的都是能量文明指數。
但是把能量全都用掉，還是要永續發揮？

只要我們不再固執、傲慢地自以爲是，這樣自然會創意茁生地發想出如何尋找最好的出路。

人類本來就以覺性而不斷進化，所以才來到今天。而現在進入新的進化階段，更需要對覺性有更深入、更清明的把握。

而如何探索「覺性」，掌握生命戰略，兩千五百年前一位叫作釋迦牟尼的人，親身實證了其可能的過程，以及究竟的圓滿。

佛陀一生所證悟的，及他留下的經典，重點都在幫我們看穿事物的表相，而能明白事物的緣起。這樣，不論我們遭遇任何狀況，都能覺察、了解其中一切因緣條件，因此不爲表相所惑，進而讓自己有能力超越這些因緣條件的束縛。

因此碰上「幸運」的事，我們不會因爲進入順境而得意忘形，一路給自己製造失敗的因素；碰上「困難」的事，我們不會掉入驚慌與沮喪的陷阱，一路越來越找不到出路。

佛法的精髓，就在保持自己的覺性，讓自己的內心清楚、明白，因此遇上狀況，就可以觀察、了解、超越緣起的條件，不讓這些緣起的條件成爲我們的障礙。

不論任何狀況，因爲內心可以保持清明，就能維持創造喜樂、幸福的力量，於是設法讓自己離苦得樂，也一步步推己及人。

隨著自己的這種覺性和能力越來越大，我們不但可以讓自己如此，讓自己親近的人如此，讓陌生人如此，甚至可以讓過去我們覺得所謂站在「對立面」的人也如此。這就是所謂的「解脫」，也是「正覺」。

如果有這種能力，我們對「類健康」自然而然就有解方。

我們會觀察自己的身體，隨時不執著，不給自己製造壓力，因此自然會有眞正比較好的健康。

事實上，佛陀的三十二相，本身就示範了人類身體進化的可能。

我們不是就因而就一定不碰上「病毒」，但是碰上也會因爲有自己的健康素質，而比較容易康復；我們不是不老化，但是會延長老化，健康地老化。

我們可以覺察一切因緣條件之後，自然會體悟自性「本自清淨」、「本自具足」、「本不動搖」。

因此，孤獨絕對不會成爲我們的苦惱。

我們會體會到，任何狀況下，自己就是一個人。可以面對千萬人。

但，並不悲壯。只是像一陣風。

我們自由自在地活著，不受任何牽累，不受任何外境變動的影響；所以，也可以像風一樣自在、快速地因應外境任何變化。

我們不製造自己的失敗，也沒有敵者。

因爲我們有這樣的覺性，所以我們也會永遠珍惜親近的人，同時自然就不戴染色鏡看待這個世界、看待別人。因此，「類親密」、「類事實」的問題自然就不會成爲我們的苦惱。

而隨著我們可以如此不斷地解脫自己的束縛，超越自己的局限，自然就不會產生「類出路」的問題。我們不會給自己製造沒有出路的困境；實在遇上困境，也會依靠覺性的活泉，找出自利利他的出路。所以，「自性能生萬法」。

釋迦牟尼的「如來」之稱，本身就代表覺性圓滿的最高境地。釋迦牟尼所示範的，所傳述的，就是人類心智進化的可能。

在二〇二〇年，以及庚子年的各種變局中，因爲無常帶來的震撼巨大，因此我以一個佛弟子的身分，從佛陀的教誨中整理了這本「生命戰略」，希望更多的人能方便地了解佛陀留下來讓我們進化的方法。

3

覺性練習

佛法希望教人體悟覺性，但佛法也有八萬四千法門。

所以如何走上開發自己覺性的路，本來就因人而異，方法很多，隨不同的人可以有不同的重點。

由於 COVID-19 的疫情促使大家關切健康課題，所以我在這本書裡提供一個由身體入手的方法。

這個方法是我在一九八三年，於深山獨居閉關了一年半時間，下山之後所整理的心得。

七年之後，我遭遇了一場嚴重車禍。我也使用這個方法，讓自己得以在生死邊緣走回來；並且讓身體受到重創之後，得以復原。

其後，一直到今天，我都在使用這個方法。

通常我都稱之爲「放鬆禪法」。

放鬆禪法，是從身體的放鬆著手的。所以我才能夠用來調養、維修了

自己的身體和健康。

但放鬆禪法的功用不只於此。

人的身、心是互為表裡，相互對應的。

如同我在這本書裡所寫，覺性的第一步就在放下自我的執著。但許多習性之執著，正因為在於我們緊緊地扣緊著，因此難以放下。

所以，如果我們眞能練習自己身體的放鬆，體會到如何放鬆自己僵硬的身體，也就會逐漸體會到如何放鬆自己的內心，放鬆一些固執的習性。

放鬆了身體，不只可以使健康進化，找到最合乎自己的健康生活型態；也可以放鬆心裡的一些執著，解決心裡凹凸鏡的問題。身心相互影響，進一步更開拓覺性。

所以要練習覺性，就先從練習放鬆開始吧。

什麼是放鬆？放鬆就是沒有執著，就是使我們的身體所有的壓力都消失，就是讓我們整個身體像空氣一樣，像光一樣，那樣自然，那樣柔軟，可以滲透到宇宙中的每一個部分。

放鬆，放鬆，放鬆……
放鬆到你感覺到所有的壓力都消失。

我們大家要記得，許多的壓力都是我們自己給予自己的；就像許多人努力的把肩膀往上聳起，他在不知不覺裡面，就想替整個地球承擔重量。

其實這是不需要的，地球很樂意來承擔你身體的一切重量，我們不要替他扛東西，因爲這只會對我們的身體產生了障礙；讓我們所有的壓力都放下去，跟整個大地結合起來，這是多麼舒暢的事情啊！

我們在放鬆的時候，可以站著，可以坐著，在放鬆之前，要把自己的心理調適成最自然最輕鬆的狀況，讓我們的身體變成像海綿一樣柔軟，一塊海綿當我們緊抓住他的時候，它變成一團；把他放開了，他就恢復成原狀了。

所以說我們要學習像海綿一樣來放鬆，所以我們放鬆不是在身體上面再賦予他一個放鬆的力量，而是把多餘的壓力去除掉，讓他恢復成原狀，讓他自自然然的，就像嬰兒一樣，就像海綿一樣。

我們要放鬆，首先要從我們身體的支柱骨頭開始放鬆。

我們放鬆骨頭，要從頭部開始，現在我們先把頭骨放鬆，讓他像海綿一樣，讓他漂浮在太空，完全沒有任何壓力，很舒適，很柔軟，很舒服。

再來是我們的臉骨要放鬆，整個下顎都往下掉了，整個臉部都像天真的孩童一樣，自然的微笑著。

我們的頸骨，很柔軟很柔軟的一節一節放鬆了，讓它充滿了空氣，像海綿一樣，舒舒服服的，沒有任何的壓力。

我們的兩肩讓它往下掉，把所有的壓力都抽掉了，讓它舒舒服服的浮在那裡。

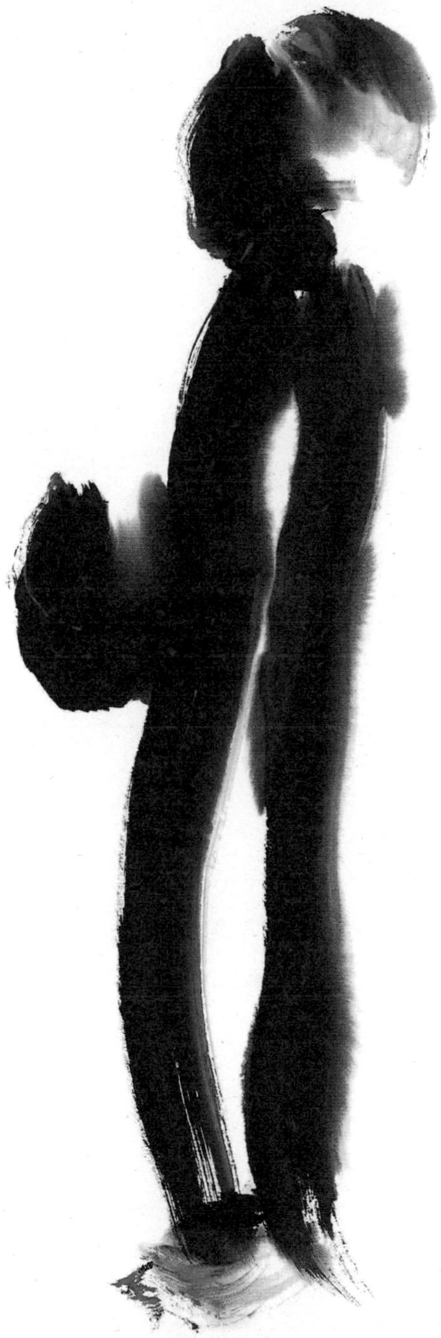

我們的兩臂、兩手、手掌、十指，現在全部放鬆開來了，讓所有的力量往下掉，掉到指尖，掉到大地，掉到地心裡面，兩隻手都鬆開了。

再你的胸骨也放鬆了，很鬆很柔，很自然。你的肋骨，一塊一塊的肋骨都鬆鬆的，充滿了氣，圓圓滿滿的護住了我們的內臟。

我們的兩片肩胛骨往下掉，完完全全徹徹底底的放鬆開來；你的脊椎骨，從胸椎到腰椎，到尾椎，骨頭一節一節都往下掉，整個脊椎骨像充滿了空氣，完全直起來了。

我們的胯骨、大腿骨、膝蓋、小腿骨、腳掌、十指，完完全全徹徹底底的放鬆了。兩隻腳踏著大地，整個身體的重量就交給了大地，跟整個大地融合爲一了。

再來，我們要放鬆我們身體的表皮。

我們先從頭部開始放鬆，讓頭部表皮的肌肉像充氣一樣，像氣球一樣，輕輕的鬆鬆的柔柔的。

我們的臉部的肌肉很輕很鬆，很圓滿，就像嬰兒一樣，就像佛陀一樣充滿了永遠的微笑。

我們頸部很鬆，很柔，很舒服，很飽足。

兩肩、兩臂、兩手、手掌、十指，完完全全徹徹底底的放鬆，感覺兩隻手都可以漂起來、浮起來了，就像在陸地中游泳一樣。

我們的胸部、腹部跟脇下都完全放鬆了，感覺到每個地方的空氣都可以自由的出入，都充滿的空氣，輕輕鬆鬆，完全的柔軟。

我們的背部、腰部、臀部、大腿、膝蓋、小腿、腳掌、十指，都完全放鬆了。現在你就像一個充氣的氣球人一樣，整個人輕輕的、飄飄的，很舒服，完全沒有壓力。

再來我們要放鬆身體內部的肌肉跟內臟。

我們先放鬆我們的腦髓，從腦的中心點開始放鬆，讓它完全沒有壓力，讓它像一個一個氣泡一樣，完全沒有壓力，從內到外都鬆開了，整個大腦、小腦、間腦，所有的腦髓都徹底的放鬆了。

我們的眼球從內到外放鬆了，它像湛藍的海水一樣，清澈明朗，完完全全沒有壓力。

我們的耳朵，從內耳，中耳到外耳，完完全全鬆開了；我們的鼻腔從內到外徹底的放鬆了，我們的呼吸道又舒暢又愉快，整個呼吸十分的通暢，遍滿了我們身體的五臟六腑，還有每個細胞。

我們的嘴腔、舌頭、牙齒，全部放鬆了；我們的喉嚨從內到外也全部鬆開了。

我們的肩膀、兩臂、兩手、手掌、十指，從內到外，徹徹底底的都鬆了，都變柔了，變成完全沒有任何壓力。

我們的胸部、我們的腹部，心臟、肝臟、脾臟、肺臟，我們的胃、腸，整個五臟六腑都完全放鬆了，感覺他們可以自己呼吸，十分輕，十分的柔，完全沒有壓力了。

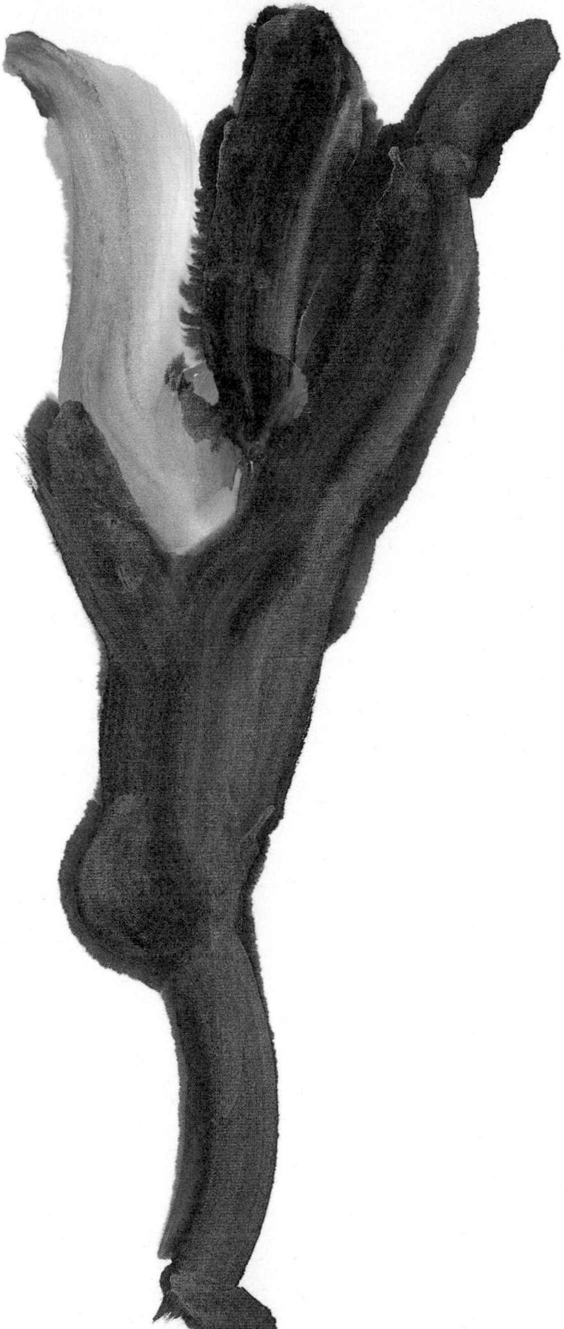

我們的背部、腰部、腎臟都放鬆開來，臀部、大腿、膝蓋、小腿、腳掌、十指，現在全身的肌肉，從內到外徹底的放鬆了，感覺每一個細胞都可以自己呼吸，每一個毛孔都張開的，空氣可以自由自在的在你身體裡面出入，你與整個大氣都結合在一起了。

我們現在將身體的內部到外部都徹底的放鬆了，再來我們要轉換身體，提高它的生命能量。

現在想像我們身體的每一個細胞都可以很快活的呼吸著，每一個細胞都沒有任何的壓力。

現在每一個細胞就像白色的雪花一樣，很輕很柔。

天上開始有著沒有雲彩的明亮陽光，照射著整個身體。

現在我們的身體要融化成清澈的水，整個身體完全沒有任何壓力了，融化成清澈的水……

現在頭髮融化成清澈的水了，我們的腦殼跟腦髓也變成清澈的水了；我們的眼球、耳朵、鼻腔、嘴腔，整個頭部都變成透明的水形。

我們的頸部、喉嚨;兩肩、兩臂;兩手、手掌、十指,都變成透明清澈的水。我們的胸部、腹部;我們的心臟、肝臟、脾臟、肺臟;我們的胃、腸;我們的背部、腰部、腎臟,整個上半部都變成透明清澈的水了。

我們的臀部、大腿、膝蓋、小腿、腳掌、十指,也都變成清澈的水。

我們現在的身體變成一個清澈透明的水形人,陽光照在我們的身體,我們身體的能量越來越高了,現在整個身體不只變成了水,它開始化成了氣體。

現在，我們的頭髮變成空氣，完全沒有任何壓力了，整個頭骨、腦髓、眼球、耳朵、鼻腔、嘴腔，整個頭部都變成爲空氣，所有的壓力都消失了。我們的喉嚨、頸部、兩肩、兩臂、兩手、手掌、十指，也都變成了空氣，與整個大氣都結合在一起了。

整個胸部、腹部；心臟、肝臟、脾臟、肺臟、胃腸；背部、腰部、腎臟，都變成了空氣。

臀部、大腿、膝蓋、小腿、腳掌、十指，也都變成了空氣，現在整個身體的所有壓力都徹徹底底的解除了，整個身體變成了空氣。

我們的身體在極端的喜悅裡面，它的能量又往上增長了一層。

現在整個身體就變成了光明，就像天上彩虹一樣的光明，就像水晶一樣的光明，就像沒有雲彩的藍色晴空當中太陽的光明；我們整個身體都透明了，都發亮了⋯⋯⋯⋯

從頭髮開始變成了光明⋯⋯⋯⋯

從頂部，從腦髓、眼球、耳朵、鼻子、嘴巴，整個頭就變成像透明的水晶一樣的亮⋯⋯⋯⋯

整個喉嚨、頸部；兩肩、兩臂、兩手、手掌、手指都完全變透明了，變清澈了…………

整個胸部、腹部；心臟、肝臟、脾臟、肺臟、胃腸；整個背部、腰部、腎臟，都變成了透明的…………

臀部、大腿、膝蓋、小腿、腳掌、十指，全身變成像透明的水晶人一樣，那樣的亮，照耀整個宇宙，整個宇宙的光明也照耀著我們。

現在不只是你的身體是那樣的透明，那樣的光亮；整個宇宙也都變成透明的。

你現在的身體好像站在整個宇宙的大光明當中，你的身體放著無限的光明照耀整個宇宙，整個宇宙也用無限的光明來照耀著你；整個宇宙都是透明的，都是光明的。

現在整個身體實在是太舒暢了！都沒有任何壓力了。

你的心念越來越清晰明白了。

你發覺到：過去的念頭已經過去了；未來的念頭還沒有到，你也不用去想它；現在的念頭，一個念頭，一個念頭……明明白白的，越來越清楚，越來越細，到最後連光明的念頭已也沒有了……

整個身體，整個心靈，完完全全沒有任何的想像，沒有任何的造作，所有的光明都是自生自顯的，你的心就完全寂滅了，完全的安靜了，你就完完全全安住在這種光明的境界裡面。

結束的時候，我們要導引身心回到平常的狀況。

身體先輕微的搖動，再慢慢加大搖動，然後慢慢的使身心恢復成正常的狀況，使整個身心一切充滿了力量，充滿了光明，一切都是吉祥圓滿的！

清淨安樂的放鬆禪法，將會帶給我們的身心安康喜悅，更會爲我們的生命帶來吉祥樂福，希望大家在學習放鬆禪法之後，能將在修習當中所覺受到的完美體驗，應用到日常生活的行、住、坐、臥當中，使您每一天的二十四小時都在淳厚有力的放鬆覺受當中，沒有壓力，更敏銳、更決斷的生活著，讓您的一切願望都得到滿足。並期望您能將這一套禪法推廣給你的家人朋友，希望他們每一個人能像您一般擁有喜樂的新生！

生命戰略之書

The Strategy of Living

圖・文　洪啓嵩

責任編輯　傅凌

美術設計　林育鋒

出　版　英屬蓋曼群島商網路與書股份有限公司台灣分公司

發　行　大塊文化出版股份有限公司

台北市105022南京東路四段25號11樓

www.locuspublishing.com

電話：(02)8712-3898　傳真：(02)8712-3897

讀者服務專線：0800-006689

郵撥帳號：18955675　戶名：大塊文化出版股份有限公司

法律顧問：董安丹律師、顧慕堯律師

總經銷　大和書報圖書股份有限公司

地址：新北市24890新莊區五工五路2號

電話：(02)8990-2588　傳真：(02)2290-1658

製版：瑞豐實業股份有限公司

初版一刷：二〇二〇年十一月

定價：４５０元

ISBN：978-986-5549-20-6

Printed in Taiwan

生命戰略之書 / 洪啓嵩圖／文・── 初版・──大塊文化, 2020.11

面；　公分・ ── (For 2 ; 45)

ISBN 978-986-5549-20-6(平裝)

1. 佛教修持 2. 生活指導　　225.87　109016091